Ron Gooden

Wiersze Jedediah

Ron Gooden

Wiersze Jedediah

Część pierwsza

Wydawnictwo Bezkresy Wiedzy

Cover image: www.ingimage.com

Publisher:
Wydawnictwo Bezkresy Wiedzy
is a trademark of
International Book Market Service Ltd., member of OmniScriptum Publishing Group
17 Meldrum Street, Beau Bassin 71504, Mauritius
Printed at: see last page
ISBN: 978-620-2-44764-5

Wprowadzenie

Wiersze Jedediasza wyrażają muzykę sprawiedliwej duszy. Są to pieśni o pokoju i spokoju; o poezji i prawdzie. Budzą one wrodzony potencjał do realizacji czystości i świętości na innym poziomie świadomości. Te wiersze przynoszą częstotliwość Miłości i uspokajają umysł. Są to słowa pocieszenia, które przyniosą odpoczynek i restytucję serca. Ci, którzy lubią rzeczy duchowe, znajdą taką poezję jako spełniającą i oświecającą. Okażą się one błogosławieństwem dla wszystkich tych, którzy są w emocjonalnym zamieszaniu, jak również dla tych, którzy szukają wyższej drogi.

Wszyscy, którzy chcą zdobyć wiedzę, znajdą ten mały zbiór wierszy jako źródło tego, co jest prawdziwe i trwałe. A w nich jest źródło siły, która jest niewyczerpana. Polecam tę książkę wszystkim ludziom. Bo zmieni serce na lepsze, a umysł zamieni w twierdzę. Czytaj dobrze i zachowaj te słowa w swoim sercu, ponieważ są one prawdziwymi słowami do rozważania i zapamiętywania.

Dlaczego?

Dlaczego jestem lepszy, ale czuję się pod spodem? Dlaczego czuję, że muszę się wycofać? Dlaczego jestem źle zrozumiany, ale nie rozumiem źle? Dlaczego mam przewagę; ale mam wrażenie, że możliwość prześlizguje się przez moje ręce; jak ziarna piasku? Dlaczego świat się nie obudził, a czasami czuję się opuszczony? Dlaczego nawiedzają mnie głupie myśli w moim sercu, które mnie podważają? Dlaczego nie jestem poza nimi zaskoczony?

Dlaczego dostałem te karty, które mi rozdano i czuję udrękę samego siebie? Po prostu dlatego, że nie nauczyłem się sztuki nie-opierania się, milczenia i wybaczania sobie, a także sztuki bycia nie-obrażającym i nie-obronnym. Wszystko inne czyni nas nieugiętymi w byciu represyjnymi i odbiegającymi od Boskiego przesłania. Na zawsze pełna łaski nie muszę już pytać dlaczego; mogę nadawać tempo i nie muszę już maskować kłamstw. Wszystko zaczęło się od pytania dlaczego; teraz żyję. Wolny od wszystkich udręk i niespodzianek. Ze mną i światem, nie walczę już. Jestem wolny od konfliktów, teraz, gdy znam odpowiedzi na życie i wszystkie whysy.

Oczy zamknięte

Oczy mają je, ale nie widzą z powodu braku wzroku. Nagroda, za którą tęsknią za wykonywaniem misji. Żyć z serca to widok przeczucia. Dlaczego lekceważysz wolność, która cię pociąga? Jesteś tak ślepy, że nie dostrzegasz prawdy. Powinniśmy mieć intymne życie bez tego zamieszania. To konieczność. Obojętność wobec prostoty czyni nas niesprawiedliwymi. Kocham cię, ale bycie innym to moje zaufanie.

Zobaczyć piękno życia; jest zamknięta z zamkniętymi oczami. Rozkoszujcie się chwilą i żyjcie w waszych Boskich zmysłach. Inaczej nie zobaczysz nic poza zakończeniem. Cieszcie się podróżą, bo w niej leży nauka. Następnym razem dobrze się przyjrzyj, zanim zwilżysz ducha życia, bo nie ujawni się on przez walkę. Zostawiając oczy zamknięte; od życia ukochanego. Nic nie może być ujawnione, z zamkniętymi oczami.

Puśćcie go

Dlaczego strzeżesz się ignorancji, skoro masz się przed nią strzec? Trzymam język za zębami, ponieważ będzie to dla was obraźliwe; i czuję się jakbym był uciążliwy; gdy próbuję udzielić wam Boskiego przesłania, które wydaje się wam nie być imponujące. Musisz jednak wcielić w życie tę lekcję. Wspinajcie się na tę górę i osiągajcie nowe wyżyny, abyście mogli złapać wasz lot i zaprzęgać się; jak tylko dostaniecie wzrok. Czyniąc to, nie tylko będziesz miał, ale i staniesz się światłem; i ekscytującym wglądem wewnątrz; który nigdy nie pozwoli ci się poddać. We wszystkim, nawet pozornie przegranym, wygrasz. Ale najpierw musisz zrezygnować z tego, co myślisz, że wiesz, żebyś mógł się rozwijać. Puszczajcie, a naprawdę będziecie wiedzieć, a nie przypuszczać. Dopóki nie wróci, proponuję, żebyś miał nadzieję i odpuścił.

Zmniejszony

Czasami czuję się nie na miejscu, ale wiem, że nie da się mnie zastąpić. Myśląc o tym, jak daleko zaszedłem, wiem, że osiągnę swoje cele. Zastanawiając się nad wszystkim, co mogę zyskać, muszę też pomyśleć o moich plamach. Są chwile, kiedy muszę się powstrzymać i spojrzeć za zasłonę. Cenię sobie nabytą mądrość; robienie tego, co właściwe, to wszystko, co podziwiam. Sięgając coraz wyżej, jestem przemieniony przez wewnętrzny ogień. Wychodząc poza intelekt, znajduję wielu, którzy odrzucają. A ponieważ nie znają moich Boskich kroków, trudno mi je przechwycić.

Zabieranie innych do centrum prawdy; jest trudne, gdy nie akceptują nagany. Muszę jednak wiedzieć, że moja droga jest pewna. Bez wyrażenia tego, co jest święte; przez innych czuję nienawiść. Większość nadal tkwi w matrycy, a świętość nigdy nie może być spokrewniona. Ale żeby być wolnym, muszę być. Więc patrzę na hart ducha, na świętą samotność. Jestem uzupełniany po rezygnacji, każda myśl o byciu pomniejszonym.

Na żywo

Dlaczego odmawiasz życia? Myślisz, że to robisz, ale wszystko, co robisz, to istnienie i opór, święte dary, które cię podniosą. Myślisz, że znasz miłość, ale ten znak, za którym tęsknisz. Klejnoty, które ci daję, to coś więcej niż pocałunek. Odrzućcie negatywność, abyście mogli żyć ze mną na wyższej płaszczyźnie i postawie. Oh, chciałbym, żebyś mi zazdrościła. Zobacz, kim naprawdę jestem. A BÓG stał się prawdziwym fanem. Wtedy mógłbyś zrozumieć. Jestem czymś więcej niż tylko człowiekiem. Jestem uduchowiony.

Po tym uznaniu, możesz przyłączyć się do mojego planu, na duchową reformę i budować narody z pokorą, miłością i doskonałą cierpliwością. To jest najlepszy sposób na danie. Mówię ci to wszystko, więc możesz żyć.

Nie mógłbym być tobą

Wasz styl życia nie jest godny szacunku, a wasza mentalność to ignorancja. Nie znasz znaczenia; prawdziwej religii. Świat może być lepszy tylko wtedy, gdy jesteśmy wolni od okowów. Wybieram utrzymywanie standardów, do których nikt inny nie sięga; ale oni starają się osuszyć moje Boskie cechy; jakby byli pijawkami. Traktować moje ciało jak świątynię Boga i utrzymywać mój umysł świecący jak gwiazda. Takie jest usposobienie mojego serca, które zaprowadzi mnie bardzo daleko.

Utrzymywać czyste serce i dawać bez opłat; to jest moja opłata. Inspiruję wszystkich do życia dla boskich celów, i do wejścia z zimna. Byłem tobą wcześniej, dopóki nie nauczyłem się podskakiwać. Teraz jestem tu i mówię ci, żebyś nie zbłądził, a do samolubstwa nie ustąpił. Walczcie o sprawę, choć już jesteście przegrani. Wtedy znajdziesz się w winie i zobaczysz, dlaczego w ogóle nie mogłem być tobą.

Wrażliwe

Dostrojony do każdej myśli i emocji wokół; wiem, że istnieje specyficzne uczucie, które podąża za każdym dźwiękiem. Miłość obfituje, i utrzymuje mnie w dobrym tonie. Jestem zawsze wrażliwy na inteligentnych i prymitywnych; nigdy nie zaniedbuję tego, jak naprawdę żyć. Wiedząc, co dzieje się w umysłach wszystkich; empatia słyszy każde wezwanie. Widzę, co oni myślą przez aurę, oczy i wszystko. Reprezentuję niebo, ponieważ jestem zesłany do nieba; do końca życia będę czuły na zawsze. Zanurzam się w oceanie zrozumienia i otwieram standardy społeczne.

Tonę we wszystkich odpowiedziach, które uziemiły mnie w otwartych rezydencjach. Bycie wrażliwym rozszerza mój umysł; wrażliwość, która jest całkowicie nad magią; z obrazami, nie możesz sobie wyobrazić. Ty też możesz go mieć i posadzić. Obserwuj, jak twoje serce rośnie przez czułość, która pokrywa ogrom planety.

Wiara (część 1)

Zdałem sobie sprawę, że ta wiara może zmienić moje życie. Patrząc poza wszelkie przeszkody, mogę przezwyciężyć wszystkie zmagania. Widząc możliwości każdego wyniku; moje przekonanie jest pewne. Zrozumienie mojego mentalnego usposobienia; mogę doprowadzić moją rzeczywistość do mojego przypuszczenia. Powodzenie mojej misji, zależy od moich predyspozycji.

Mogę urzeczywistnić każdą fantazję, tylko wierząc w swoje marzenie. Wszystko, na co mogę się natknąć w życiu, przychodzi przez umysł. Wszystkie moje doświadczenia są mentalne, a moc ich kontrolowania jest kluczowa. Niespodzianka! Wiara jest nagrodą; dla tych, którzy zdają sobie sprawę; duchowe ludobójstwo.

Wiara (część 2)

Odmowa zamieszkania; z głupią dumą. Poprawiam się w dzień i w nocy, reprofuję przez wzrok. Dając wgląd; dla zdobycia światła. To daje siłę; wiara jest cenna, więc jeśli ją masz, to trzymaj ten dar mocno. Oddaj się pokorze, gdy zapomnisz o tym szumie i przedstawisz to, co jest słuszne. Możesz przejść przez następną walkę i ochronić lot swoich kroków. Wiara jest jedynym źródłem nieskończonej mocy, a dzięki niej BÓG da ci zawiłe prysznice. Przez błogosławieństwa niekończące się, dostaniesz się przez uzupełnione. Przez wiarę znajdziecie obronę, i ofensywę.

Znajdziesz też wszystkie błogosławieństwa. A jeśli kiedykolwiek poczujesz się niepewnie, wszystkie odpowiedzi i rozwiązania są w toku. Oddajcie się wierze, a wejdziecie do bram, gdzie żadne zło nie przenika. I możesz zacząć teraz, nigdy nie jest za późno.

Honor przemówił do mnie

Nigdy nie szukaj pochwał, ale staraj się widzieć prosto. Nigdy nie czuj nienawiści, a staniesz się wielki. Bądź godny każdego dobrego tytułu, więc inni będą starali się być tacy jak ty. Stać się moralnie wyostrzonym, jak również wnikliwym. Róbcie to, co jest najlepsze dla wszystkich, więc każdy język będzie was chwalił. Zasłużysz na to, jeśli oddasz się bezinteresownej służbie. Pozostańcie czyści i dajcie więcej.

Dajcie się zrozumieć, bądźcie najprawdziwsi i ustalcie standardy. Dajcie beznadziejne odpowiedzi i dajcie się poznać jako wybitni. Bez względu na pojęcia stojące; wiedzą, kiedy mówić i zajmować pozycję. Zrób to, a wszystko zbierze się jak magia; honor mówił mi o swojej pełnej nadziei taktyce.

Żyć więcej

Żyć w chwili, czuć się większym niż ocean. Łączenie się z życiem o wiele głębiej, że tylko nieliczni mogą mnie zobaczyć. Uwierz mi, czuję miłość. Z góry. Energia nieskończona; tak więc moi wrogowie nigdy nie zobaczą mojego końca; jestem bez wysiłku; to, co większość udaje. W gruncie rzeczy, jestem obecnością Boga. Oddając siebie bez końca; czyniąc wszystko, w jednym z niebem. Nauczanie lekcji; Miłość jako jedyne lekarstwo. Naprawianie ran; dawanie nadziei poza grobami i grobami.

Ujawnienie starożytnych zasad; w szkole cierpliwości. Nigdy nie bądź rażącym głupcem, po prostu bądź prawdziwy. Wstrzymaj nastroje i skorzystaj z podstawowych narzędzi. Daję wam oblicze prawdy, abyście wydawali święte owoce. Bóg może pozwolić naszym duchom wzbić się w powietrze; to, co moje, jest twoje. Zabierzcie te klejnoty do magazynu, żebyśmy wszyscy mogli zacząć więcej żyć.

Światło

Bez niego nie widzimy, może nam pokazać rzeczy nie do wiary. To daje ulgę, od tego, w co kiedyś wierzyliśmy. Idź i zaakceptuj to, bo jest wolne, a to cię uwolni. Zachowajcie otwarty umysł, nie będąc naiwni, bo tak właśnie będzie odbierany prawdziwy wzrok. To jest prawdziwy widok, który przyniesie prawdziwy wzrost. Wykorzystajcie jego moc, a nauczy was jak robić więcej niż tylko przetrwać.

Nigdy nie zaczynaj walki, a naprawdę zaczniesz żyć życiem. Bądź uczciwy i skromny. Nie ma kłamstw, nie ma szumu, dla tych, którzy wykorzystują prawdziwe światło. Nie walczcie z ciemnością, bo to uczyni was bezdusznymi. Po prostu zaakceptuj światło w swoim sercu, a odkryjesz nowy początek, który pozwoli ci zobaczyć Boga. Po prostu świeć, a oślepisz tych, którzy są ślepymi wrogami. Nie stawiaj opasek na oczach, które bardziej potrzebują wzroku. Miłość jest tym, o co powinieneś się starać, a światło niech świeci bardziej.

W środku ciemności

Przerażenie jest niewiarygodne, a widzi cię tylko zło. Bez trudu cię złamią, przytłaczając każdym funtem. I nic dobrego nie ma w pobliżu; słyszeć twój stłumiony głos i dźwięki. Albo ujrzeć łzy i zmarszczki; i dać ci koronę. Wtedy właśnie wnoszę wszystko na tron; Ojca i kładę je. Wiedząc, że bez NIEGO nie mogę naprawdę żyć.

Tylko na chwilę, utknę, ale wiem, że Pan mnie powstrzyma. Nie potrzebuję niczego poza NIM. On jest moim jedynym KRÓLEM. Zawsze jest ze mną i wiem, w każdej chwili chce mnie teraz trzymać. W środku ciemności, mam przyjaciela, który powstrzymuje mnie przed upadkiem.

Chwała

Na początku mnie to podniosło na duchu, więc stłumione próbowało wydobyć ze mnie więcej. Moi wrogowie na pewno. Próbowali zniszczyć rdzeń mnie. Okazały się jednak być nikim; ofiarą na pewno szaleństwa. Mogę wziąć synów światła, z otwartym umysłem. I wznieś je na nowe wyżyny, które będą miały wznoszące się wysoko. Jest tak wysublimowany, że osiągnąłem taki wzrost.

Przynoszę to, co najlepsze, z łaski dobrego Pana. Jestem zwycięzcą. Zrobionym przez wiedzę tak chwalebną. Prawda uczyniła mnie uprzejmym, więc mogę wzbić się wyżej. Jestem nieobliczalny, w mojej nieskończonej wartości. Nie na własną rękę, ale po prostu dlatego, że zaakceptowałem główny kamień węgielny. Teraz uosabiam boskość, w tak wielkiej prostocie.

Boskie prawo, to wszystko, co widziałem. Wzburzony w mojej duszy, zachowałem dla was przykazania. Ale w większości ceniłem ją jako własną, ponieważ rozszerzała strefę mojego umysłu. Doskonała podróż, zakończona bezinteresowną służbą. Bezbłędne Boskie wniebowstąpienie, to wszystko, o czym mogę wspomnieć. Poprzez święte przykazania, nie dowiedziałem się o żadnym udawaniu. To jest Boska historia, której używam do określenia Chwały.

Bezpłatnie

Nie jest już niewolnikiem głupiej impulsywności; nauczył się, że tylko Miłość mnie wyzwoli i nic mniej. Wolny od trosk, nie ronię już łez. Zrzuciłem wszystkie moje lęki, ponieważ do Pana zostałem bardzo blisko. Teraz dorastam wraz z przypływami i zaprzęgam wiatry Prawdy, które mogą sprawić, że będę latał. Przekroczyłam czas, bo każdą chwilę ustabilizowałam umysłem.

Całkowite zaniedbanie; tego, co ten świat reprezentuje. Więc moja eminencjo, jest w innym królestwie. Honor ma pierwszeństwo, przede wszystkim. Niebiańska obecność; przychodzi z przesłaniem. Droga pokoju, więc mogę zostać uwolniony. Z wyjątkiem pogan i bestii, i od wszystkiego innego, co może mi przeszkadzać.

Wolny od kłamstw, abym mógł widzieć poza niebem, Boskie światła. Na zawsze będę, i nic mi nie przeszkodzi. Podróż jest moja, z wielkim designem. Wszystko jest tak, że mogę uprzątnąć; istotę wszystkich sił. Przez to wszystko, kluczem, jest bycie wolnym.

Balsam

W czasie burzy, staram się zachować spokój. Nawet jeśli wydaje się to trudne, życie staje się łatwiejsze, gdy masz prawdziwy balsam. Aby ukoić każdy dyskomfort, patrzę na Tego, który się pociesza. Jedyny nad nami, który nadal ostrzega mnie przed kłopotami; nieważne jak subtelnymi. Pan ma balsam w dłoniach; nawet jeśli świt i światło odchodzą. Ciągle jakoś świecę, przez Boga. To jest historia, którą opowiadam, i to mnie cieszy.

Widząc przez, oczy ukojone. Wolny od bólu; do osiągnięcia. Teraz mam doskonały zysk, bo od zła się powstrzymuję. Balsam z Prawdy, jest dla ciebie. Nic dla nas nie jest tak kojące, jak JEGO dotyk. Więc spójrz wyżej, nigdy nie wykraczając poza zakres LOVE.

Balsam przynosi zaufanie; do powyższych mocy. JEGO DUCH ukoi nieufność i ukoi nas w miłości. Uczcijmy fakt, że nad dolnymi rzeczami krzywdy, mamy balsam.

KSIĘGA

Szlachetny, uczciwy i pełen młodości; JEST definicją Prawdy. Poezja, sprawiedliwość i miłość śpiewają JEGO chwałę; jak cała jego dobroć przynosi nam być podniesione. On sprowadza nas do wszelkiej dobroci i uczy roztropności. Nigdy nie powinniśmy opuszczać JEGO strony, ale przez niego powinniśmy mieszkać. Jego obecności powinniśmy szukać, i pocałować go w policzek Nieba.

Śpiewaj JEGO chwałę, pokorny i cichy; w NIM, którego mamy się wycofać. Wszystko to sprawia, że możemy radować się z radością i mieć radość pośród szaleństwa. KSIĘŻENIE, do którego musimy dążyć; w nas JEGO Prawda powinna przewodniczyć. Musimy stać się czyści i całością, i nie obawiać się kontroli. KSIążę fałdki, proszę pana.

Pod przysięgą

Jestem prawdziwie boski; doskonały wyraz JEDENEGO, z którym mieszkam. Jako światło dla wszechświata dał mi je, aby dać lekcje, które mnie wychowały. Żyję po to, by Mu się podobać i chwalić JEGO MAJESTY, bo jest więcej niż majestatyczny. Nie mogę złamać prawa, szczerze mówiąc, jestem pod przysięgą, więc on mnie szanuje. Mówię o tym, czym JEST; JEGO medytacji nie mogę się oprzeć. Wewnątrz JEGO opatrzności; to przyniosło mi wielkie wyeksponowanie.

Moje pragnienie jest zawsze gasione; w JEGO prawdzie i mocy jestem przemoczony. Mówiąc zawsze o tym, czym JEST; nie widzę żadnej innej drogi. Nie może ugryźć ręki, która karmi; wiedząc, że nigdy nie odejdzie. Złożyłem przysięgę, że nigdy nie obrażę, więc możesz uwierzyć w każde słowo mojego pióra.

Niebo na zawsze będzie reprezentować to, co ludzkość zaniedbuje. I przypomina mi to, że jestem niebo, a niebo zesłane. Jestem pod przysięgą dla PREZYDENTA Niebieskiego i żyję jako taki w każdej chwili. Tłumię siebie, dopóki nie zostanie tylko Bóg. Wszystko musi się stopić, i naprawić. Jeśli dobrze na mnie spojrzysz, to zobaczysz, że pod przysięgą jesteś tym, kim powinieneś być. Do tego czasu błądzisz zagubiony; nie potrafisz rozważać cudownych myśli; o honorowym sercu.

Pod przysięgą jest jedyny sposób na lewitowanie; ponad to, co świat tworzy; tak więc BÓG może rezonować. Pod przysięgą mieszkam w sercu Boga, a on kieruje drogą, którą przeszedłem. Poczujcie, że wiedza i mądrość przepływają przez Boskie posłuszeństwo, i unieważniacie każde inne doświadczenie. Tylko pod przysięgą; możemy uczynić boski zwój honoru.

Pytania

Zadawanie Panu pytań jak, czy mam znaczenie? Czy możesz mnie zbudować, gdy będziesz poobijany? Odłożysz kawałki mojego życia, kiedy będzie rozbite? Jesteś tam? Nadal ci zależy? Mam się bać? Czy wszyscy moi wrogowie położyli łóżka? Czy cena za moją drogę powrotną jest już zapłacona? Mam się wahać?

Czy to rezonuje? Mogę lewitować? Przez tę całą nienawiść? Czy droga jest prosta? Mam kontynuować bez przerwy? Mogę wejść do bramy? Czy to zbyt wiele dla mnie do wzięcia? Kiedy dostanę przerwę? Czy kiedykolwiek powinienem się złamać?

Jestem za późno? Jak mam się modlić? I co mam powiedzieć? Czy kiedykolwiek będą lepsze dni? Jestem wielki? Czy moje ideały kiedykolwiek stworzą? Możesz mi pokazać drogę? Te pytania, które zadaję, mając nadzieję, że mnie zabierzesz. Do lepszego miejsca. Ostatecznie z tego miejsca; zostanę podniesiony; tam, gdzie nie ma żadnych pytań do podniesienia.

Róża

Obnażanie piękna, w którym jest zapisane słowo miłość; nigdy nie być luźnym ani sztywnym. Porównaj z siłą niedźwiedzia; i ptaka, który nie ma opieki. Jasne jest, że powinieneś widzieć blask róży, bez obaw. Uczciwie głosi harmonię; postępuj zgodnie z jej doktryną, aby mnie zaszczycić. Prawdziwa róża, która oddycha radością tak promienną i emanuje wiedzą, która jest naprawdę starożytna. Mówi nam, że zło zostało pokonane; przez pokorę i łagodność.

Siła i odpoczynek; tak jak piękno, jest w róży. Aby utrzymać głowę w górze, pamiętam różę, która pochyla się do światła pośród ciemności; mówiąc o BOŻYM sercu. Mam wrażenie, że ten świat nie ma jeszcze serca, ale dzięki niemu dostałem to, czego chciałem. Zwróciłem się do Pana, gdy zaczynałem; aby widzieć świat jako mój kochany zmarły.

Róża pozwoliła mi widzieć dalej, a ja widziałem Pana przez nią jako Ojca. Teraz mam moje serce pilnie strzeżone; z Kochaniem od najdalszych stron. Nigdy nie jestem bez powodu, ani nie staję się bez serca. Współczujące serca są moimi celami; widzieć Różę jako sierżanta natury. Niechaj piękno róży wyjdzie na jaw we wzroście. Dla przemiany serca i umysłu; piękno róży będzie świecić na zawsze; w duszach Boskich.

A Fulfilling Life

Niektórzy mówią, że jest pełen wzlotów i upadków. Mówię, że jeśli zostaniemy na górze, nic nie może nas zniszczyć. Wiele śmiechów i wiele uśmiechów, może być zakończeniem prób. Jeśli skupimy się na tym, co dobre, tak jak powinniśmy. Mogę cię zaprowadzić na miejsce, w którym byś był, gdybyś się zastanowił, co mogłoby być. Zastanów się nad myślami mojego serca i zobacz BOGA jako gwiazdę; to prowadzi nas daleko poza i trzyma nas w drodze.

Prowadząca ręka MASTERa, prowadzi nas do wszystkich życiowych odpowiedzi i pokazuje nam, co jest ważne; daje nam najwyższe standardy, abyśmy mogli stać się planistami życia. Bóg jest kluczem do drzwi życia, więc możemy zobaczyć, co jest w zapasie dla tych, którzy dają w światło. Bóg mówi nam o tym, co jest słuszne, i ożywia nas. Zacznij żyć dla BOGA, a ON da ci wzrok; dla spełnienia życia.

Życie

Sprowadźcie go na światło dzienne, abyśmy mogli uzyskać wgląd. Zawsze recytować; życiowe lekcje siły. Kiedy walka. Próbuje sprowadzić nas do ucieczki. Oświeć umysły młodości; i przynieś najwyższy wyrzut sumienia. Nauczcie ich prawdy, która przyniesie owoce. Uspokajajcie ból i osłaniajcie się przed deszczem. Daj nam nadzieję. I spraw, byśmy byli nowi, kiedy tylko będziemy rozdarci.

Weź nas pod swoje skrzydła, kiedy się odrodzimy, o Panie. Weź nas do strefy, w której buduje się rozmach; i pokaż nam każdy ton, z miłością tak porywającą. Myśli o mentalnych rezydencjach, które utrzymują właściwe standardy. Posłuchajcie każdej z życiowych zwrotek, a usłyszycie życiowe odpowiedzi.

Życie zależy od hymnu życiowego, który stawiamy przed problemem. Myśl, mów i żyj tym, bo życie uczy nas, jak być sztywnym; i wynosić się w każdej minucie. Hymn pochwała Panów i śpiewać go; aż umysł jest podniesiony i prawowity. To jest zdanie życiowe; i Boskie orędzie. To wymaga szacunku, by dotrzeć do mojego nieba. Lekcje życia; to życie nie ma końca. Daje to życiową dźwignię; tym, którzy są poważni.

Żyć dobrze

Życie jest łatwe; dla tych, którzy żyją w spokoju. Znajdź komfort w życiu, w którym żyjesz i zawsze staraj się dawać. Czasami jesteśmy doprowadzeni do krańców ziemi, aby zobaczyć, na co naprawdę zasługujemy. To, co dostrzega MOST HIGH, to to, czego musimy się nauczyć. Musimy porzucić wszystko to, co przeszkadza w dobrym życiu; nigdy nie próbując się starać. Zobacz przez każde przebranie i udowodnij prawdę, obnażając kłamstwa. Jeśli nie służy ona światłu, to nie podtrzymuje życia.

Nawet WIELKIE ŻYCIE-ŻYCIE służy na wszystkich poziomach; teraz powinniśmy zdecydować, czemu będziemy służyć na zawsze. Ty decydujesz o wyniku, więc żyj dobrze i wykrzykuj miłość. Miejmy nadzieję, że przegrany, zobaczymy dobrą sprawę i zwrócimy się do Boga. Żyję dobrze, więc nie powinno być ciężko, że jestem lśniącą gwiazdą. Po prostu otwórz swoje serce i przyjmij myśli, na które zwracam uwagę.

Samolubne życie jest marnowane, więc żyję dobrze dla wszystkich.

Honorowe panowanie

Czujemy napięcie i ból. I choć nie pozostaje, jak plama. Patrzymy na wszystko, co zyskaliśmy; stanęliśmy w płomieniach. Ostatecznie znika; w boskim kołyszeniu. To dziwne. Zachowują się jak szaleni. Jasne. Opowiadaj nienawiść. Dlatego patrzymy na Pana, by zabrał nas do najdalszej gwiazdy.

Ludzie zajmują pozycje, ale nigdy nas nie prowadzą; zamiast tego, są zwodzicielami. Wszyscy czekamy na ten dzień, kiedy zobaczymy honorowe panowanie. Nieznośne płomienie. Niewiele jest do kołysania. Niech Prawda pójdzie dziś do Pana, aby je zabrał.

Kiedy będą patrzeć na duchowe; i brać lekcje w każdym odstępie czasu. Nie wykorzystują one metafizyki; poprzez rytuały. Podnieś umysł, a będziesz segregował bez wysiłku. Wszystko, co będzie świadkiem znaków, i zna czasy. Nie powinniśmy bać się używać prawości do walki; nie uciekać. Rób to, co jest słuszne. Za każdym razem. Rób wszystko z prawdziwą siłą, nigdy bez ALMIGHTY u twego boku. Przed, nad i za, dzięki inteligentnej konstrukcji. Ale dla SOVEREIGN realise; wszystko to jest nagroda.

Bezinteresowność jest z życia; bycie poddanym Królowi Świateł. Tylko Pan może zmieścić się w opisie honorowego panowania; nie słabego ani udawanego. Nawet kiedy męska siła słabnie. Pan nie chce brać udziału w tych zabawach, w które grają mężczyźni. Po prostu wiedz, że mój Ojciec zabierze mnie przez deszcz i złagodzi mój ból. Zrobił to już wcześniej i zrobi to ponownie; jak wyraża swoje honorowe panowanie.

Dla wszystkich do zobaczenia

Wyraź najwyższy stan oświecenia, a podróżuj po najszerszym obwodzie. Twoje miejsce jest w niebie, i czeka na twój szacunek. Pan dał nam zapis o wielkich błogosławieństwach; byśmy wreszcie zaczęli odpoczywać. Mam nadzieję, że potraktujesz prawdę uczciwie i przyjdziesz ją uszanować. Jeśli chodzi o mnie, to już to wiem, bo ciągle się uczę.

Proszę uszanujcie mnie i każdą istotę świetlną, abyście mogli otrzymać wzrok. Traktuj słowa Boga honorowo, aby nigdy nie chwiały się przed tobą i czcić Go. Błagam cię. Do widzenia, proszę. Weźcie z mojego przykładu; i depczcie; pod kłopotami. Wszystko po to, aby można było zaryzykować; moce, które nie wiedzą, jak się rozwikłać; trasę i podróż, która musi być przebyta.

Robię to bez wysiłku. Dla wszystkich do zobaczenia. Jeśli nie możecie nadążyć, to wybaczcie mi, bo powinniście żyć w harmonii. Z kazda czescia ciebie, wiec mozesz zablysnac dla wszystkich.

Mój gatunek

Kiedykolwiek myślę o swoich marzeniach, żyję wśród sceny. Wszystko jest widziane, tak jak ja czuję, w co wierzę. Usiądź z Bogiem i poczuj, że naprawdę żyjesz. Na tej ziemi nie ma nikogo obok mnie, więc patrzę w niebo, kiedy szukam dla mojego rodzaju. Miłość jest moją linią życia, więc pielęgnuję ją gdziekolwiek się znajdę. Mój rodzaj. Jest wysublimowanym typem. To trzyma świat z tyłu, a Pana w świetle reflektorów.

Moje najciemniejsze chwile to najzimniejsze noce; zastanawianie się, gdzie są najodważniejsi rycerze; ratowanie mnie przed strachem. Siedzę z tyłu i myślę o moim rodzaju; o tym, co Boskie, co dotyczy DECALOGU z Synaju.

Marzenie

Żeby zobaczyć życie; kelnera naprawionego. Widzę ich w tej samej sytuacji, kiedy dochodzę do wzroku. Aby wszyscy skupili się na głównym świetle; pragnę, aby wszyscy mieli życie modlitewne; na wielkich wysokościach. Chcesz uczyć; i głosić; od największych do najmniejszych. Ujarzmij bestię i zachowaj pokorę. Życzyłbym sobie, aby świat był uważny i usłyszał, jak mówię; a jeśli czegoś nie rozumieją, to niech ze mną wytrzymają.

Życzę utopijnego świata; dla mieszkańców ziemi. Zdrowe doktryny, na jakie zasługujemy; aby zdrowe umysły mogły służyć. Życie w każdej chwili i honorowanie każdego dobrego słowa. Śpiewanie niekończącego się hymnu o miłości; szerzenie go wśród wszystkich, którzy szukają wyżej. Zaproszenie wszystkich jako konieczność; przyjść i podzielić się z nami. To jest ten sen. Wierzę. Zobaczymy, po opłacie, cierpienia i błagania.

Panie, proszę, zamanifestuj moje sny i niech ta scena rozświetli się gdziekolwiek będę. The sen rozjaśniać the ścieżka, i rzucać światło na the szaleństwo; dawać co thou hast, w wieczny uradowanie. Żeby zmniejszyć ciężar, poddajemy się szczerze. Służba Panu, która służy w każdym sercu. To było moje marzenie, od samego początku; i o mnie, na zawsze będzie częścią. Szczerze mówiąc, patrzę na jego majestat. Bo to też ma być twoje marzenie, to marzenie, któremu się poddaję.

Piękno w

Świeci jasno, ale nikt nie widzi; światło, które daje wzrok poza wiarą. Mówi językiem czystości; i boskiej pewności. Prowadzi nas to do miejsca wewnątrz; do wyższego stanu bez grzechu. Słuchajcie, kiedy to mówi, a możecie zaznać wielkiego spokoju. Z przesłania, które przekazuje, uczy cię lekcji BOGA. Uzyskać święte cechy; jak prorocy z dawnych czasów. Piękno w sercu śpiewa, jeśli na to pozwolimy; od samego początku powinniśmy widzieć daleko, i wkroczyć.

Piękno w środku jest przeplatane; z przeznaczeniem, aby utrzymać nas przy życiu. Im głębiej patrzę, tym wyżej się znajduję; Prawda jest tym odkupicielem, którym było postawienie nas na wyższym stopniu. Piękno w środku utrzymuje mnie przy życiu, a nie tylko istnieje. Kiedy nie grzeszymy, widzimy w sobie piękno.

Prawdziwe uznanie

Przypominam sobie wszystko, przez co mnie przeszedłeś, i doceniam to, że mnie też potrząsnąłeś. Teraz żyję swoim życiem oh tak prawdziwym, a teraz nigdy nie jestem zbyt niebieski. Co mogę zrobić? Żałuję, że nie mogłem sprowadzić na was świata, aby mogli stać się nowiutcy. Święte są moje myśli o tobie, tak honorowe.

Moje uznanie wychodzi na jaw. Postawiłeś mnie na pewnej drodze, i wierzę, że wyciągniesz mnie z tej suszy. Żyję przez ciebie. Ja nawet nie istnieję, to wszystko jest o tobie. Moje uznanie jest prawdziwe. Prawdziwe uznanie dla wszystkich twoich łask; zajęłaś miejsce; przede wszystkim rozwagę. Rażący jest sposób, w jaki toruję wam drogę; poprzez uznanie czyste i prawdziwe. O, Panie tak zaszczycony. Daj mi prawdziwą wdzięczność, że cię uhonorowałem.

Myśl centralna

Chcę widzieć uśmiech na każdej twarzy; i miłość Boga, w każdym miejscu. Chcieliby pociąć teorie i mieszkać w pobliżu mnie. Odwróć się od gniewu i wściekłości Boga, i żyj dla NIEGO naprawdę. Myślę o dokonaniu zmiany; podniesieniu poprzeczki i staniu się wielkim. Pan mówi mi, że jestem i musi poczekać; Jego prawa ręka trzyma mnie prosto. On jest na czas i nigdy się nie spóźnia. To są rzeczy, które kontempluję, jak medytuję.

Nauczcie się segregować. Wszyscy od nienawiści. Chcesz powiedzieć światu, żeby dał go Bogu, a On pozwoli ci zapomnieć o twoim bólu; i zabierze cię na całą drogę. Moja centralna myśl, to włożyć GLORY w każde serce, jak oni poznają mojego BOGA.

Risen

Wyszedłem z ciemności, odkąd przestałem być bezbożny. Pan dał odpocząć mojemu sercu. Zmartwychwstały, teraz żyjący. Dający, inni to, co było dane. Cały grzech mnie opuszcza; teraz wierzę w sny. Żadnych więcej programów. Słuchajcie uważnie; i trzymajcie się mnie; to jest to, co Pan mi powiedział.

Teraz wyskakuję jak stonoga; z wielką prędkością zmierzam do nieba. Próbuję wywyższyć resztę mnie, aby Pan widział ze mnie to, co najlepsze. Mój umysł jest boski; z myślami do zneutralizowania.

Mogę robić wszystko przez Boga, który mnie umacnia; nigdy nie zobaczą końca mnie; ponieważ JESTEM nieskończoną energią. Bycie zmartwychwstałym z Panem jest Boską synergią; i jest tym, czym pragnę być, jako między-umysłowa wolność. Teraz aniołowie są ze mną spokrewnieni. Za wydostanie się z mojego więzienia, jestem teraz zmartwychwstały.

Puśćcie go

Trzymaj się wewnętrznej CHRYSTYKI; jak dajesz Jemu całe swoje życie; aby mógł je dobrze ustawić. Zapomnij o hałasie i posłuchaj wewnętrznego głosu. Puszczaj wszystko, co przeciwstawia się twojemu życiu, a rozwalisz tę walkę. Inaczej będziecie musieli żyć bez światła. Rozluźnij swój uścisk; od tego, co nie jest prawdziwie Boskie i legalne. Zapomnij o swoim ciężarze, a Bóg na pewno da ci pocieszenie.

Joy przychodzi rano, ale musisz ściągnąć zasłonę ciemności. Jedynym sposobem na uniknięcie burzy jest udanie się do najdalszych regionów w obrębie i modlitwa. Zrezygnuj z bólu i patrz, jak to się robi; na celestialną zabawę. Kiedy przewijasz strony życia, zawsze zachowuj to, co jest święte. Niecierpliwość; nie ma miejsca; w narodzie niebieskim. Słuchajcie więc, módlcie się i przystępujcie do medytacji; jako sposób na pozbycie się niecierpliwej kontemplacji.

Moje serce

Całe moje ciało drży, gdy słyszę jej mowę; ona wie, że słucham jej każdego uderzenia. Jestem jedną z tych piosenek, które ona gra, a ona uczy mnie, żebym nigdy nie zbłądził. Nauczyła mnie o miłości i bólu; z wnioskiem, że złamane serce nie jest niczym, co można zyskać. Moje serce mówi wprost, tańcząc w deszczu. Nie jestem szalony; nie zawiodłem; nie widzę, że moje serce wyjaśnia; dlaczego świat może nazwać mnie szaleńcem.

Moje serce ma harmonię; z każdym akordem i częścią mnie. Ona jest obecnością; niebiańskiego przesłania; aby kierować mną w szacunku. Będę się nią opiekował na zawsze, wszystkie moje więzi z nią nigdy nie zostaną zerwane. Pan i ja zajmiemy się nią, tak jak ja wykorzystam lekcje, których należy się nauczyć.

Nieskazitelna synergia

Nieskończona energia; jest we mnie, z inteligencją emocjonalną i nieskazitelną synergią. Miałem być; z Panem ALMIGHTY. Przynoszę całkowite zniszczenie moim wrogom; jak manewruję środkiem; Bożej ulgi. Nigdy nie dziwię się szaleńcom; jak patrzę na twarz Pana; czuję się świetnie. Wyścig serc demonów, gdy próbują mnie zabrać z mojego miejsca. Ale ja jestem silny ze wszystkim, co jest wrodzone, także z wiarą transcendentną.

Przekroczyłem ograniczenia w mojej przestrzeni życiowej; i nigdy nie kojarzę się; z niczym fałszywym. Nie czuję nienawiści. Z każdą dobrą rzeczą mogę się odnosić. Miłość jest z góry, więc uczy mnie, jak ją pokonać. Głosię kazania z miłością Noego, choć nikt nie przychodzi. Ale ja znajduję pocieszenie w uścisku Pana, gdy mówię językiem mojego serca. Nieskazitelna synergia trzyma mnie z miłością JEHOVAH, więc czuję się jak JEGO jedyny syn.

Na całym świecie

Wszędzie widzę te same rzeczy w różnych formach, więc z ciekawym sercem podnoszę słabych. Cześć Panu jest tym, co krzyczę i wrzeszczę; widzieć na całym świecie, czego ludzie potrzebują. Trzymaj oczy stałe, i nie mieszać; myśli materialistyczne; z byciem idealistycznym. Jest to jedno z największych błędnych przekonań w tym więzieniu światowej egzystencji, dlatego musimy się uczyć i zostać zniesioni. Słyszałem Słowo, a wy słyszeliście, jak śpiewałem, mówiąc światu, by wyszedł z grzechu. Dlaczego nie wejść w ŚWIĘTĄ Mądrość i uczynić miłość jedyną misją.

Na całym świecie widzę złamane marzenia, zburzone przez nieczyste schematy. Dlaczego się boisz? Wszyscy możemy zajść bardzo daleko i zbliżyć się do Pana. Wiele z nich żyje w sposób przypadkowy, a na planecie jest bardzo mało gwiazd. Lekcje, których się nauczyłem, są zaniedbywane na całym świecie. Na całym świecie, możemy znaleźć wspólne przekleństwo. Na całym świecie widzę przyczyny, ze wszystkich strat. Musimy nauczyć się służyć, poprzez wyciągnięte wnioski, na całym świecie.

Wspaniałość

W moich wizjach wszystko, co widzę, to GLORY; wiedząc, że Pan jest zawsze przede mną. Przeznaczony do utrzymania najwyższych standardów; i mieszkać w najwyższych rezydencjach. Wielkie poza śmiertelnym zrozumieniem, więc posłuchajcie moich obaw. Musisz mówić o wielkości, gdy mowa o moim imieniu; od Pana, jestem przedłużeniem. Byłem żołnierzem. Dla tego, który nazywa się JEHOVAH. Na zawsze czujny i trzeźwy; być kopistą, i pokonać złą Kobrę.

Próbowali pogardzać moją młodością, ale ja mam prawdę. Buntownicy zostali odcięci; od tych, którzy kontemplują doskonałe niebo. Przy moim imieniu aniołowie mówią chwałę; gdy widzą wielkość Pana przede mną. Nazywam się wspaniale, i to opowiada moją historię, choć bardzo mnie nienawidzą.

Obudzić wrodzonego

Mój wrodzony POTENTIAL jest bardziej niezwykły niż ktokolwiek mógłby pomyśleć; mogę wstąpić do Boga w mgnieniu oka. Nic nie może się równać z korzyściami, które On przynosi; na zawsze Pan jest tym, w kim żyję. Stoję na straży szlachetnych myśli, by otworzyć serca.

Moja uczciwość; jest wierny nawet wrogom; choć starają się wyczerpywać moją energię. Jestem szeroko obudzony; prowadząc umysł od nienawiści; do miejsca, gdzie może być wielki. Mieszkam w wyższym stanie, w tempie MESSIAH'a. Kiedy widzę mój POTENCJALNY jestem zdumiony; to jest dla mnie wejście do niebiańskiej bramy. Trzymać się prosto, nadal się modlę. Zawsze mam nadzieję, że uśpiony święty, obudzi się do wrodzonego.

Stan awatara

Jestem częściowo człowiekiem, więc czasami moje okoliczności są trudne do zrozumienia. Staram się je uspokoić, zamiast stać się bezwzględne. Trzymam się z dala od tych głupich, więc mogę być w jednym z najprawdziwszych. Droga uczciwości, wybieram ją, nigdy nie mogłem jej odmówić. Inaczej jestem bezwiedny, nie znając prawdy.

Kiedy moje plecy są pod ścianą, modlę się, żebym nie upadł. Czasami presja przytłacza nas wszystkich, ale Pan słyszy, gdy wołamy, więc daję Mu wszystko. W chwilach, gdy moi wrogowie są głośni; Pan jest cicho wypowiadany z bardzo małą ilością dźwięków. Przekierowuję tych, którzy nie mają się do czego zwrócić; wszystko po to, aby mogli się rozeznać. Kiedy myślę, że jestem za niski, Pan pokazuje mi, jak bardzo urosnąłem. Następnie Pan oczyszcza mój łupek i umożliwia mi wejście w stan awatara.

Podróż w obrębie

Przechodząc przez wiele różnych ruchów, szukając boskiego eliksiru, mam nadzieję, że będę mógł zawisnąć nad oceanem moich wrogów na otwartej przestrzeni. Poddaję się niewypowiedzianej nadziei, która nigdy nie może zostać obalona. Zostałem kupiony i sprzedany; dla świata do widzenia. Historia mojego życia rozwija się, w tym zimnym świecie. Skaczę przez płotki, by na pewno przetrwać. Zaciągam kurtynę poręczenia; nad niepewnością.

Mrok próbuje mnie zasłonić, ale ja nadal żyję na pewno. Pozwalam Panu nadal mnie oczyszczać i robić boskie operacje; służyć JEGO środkom. Bezinteresowna służba; jest wyzwolicielem wszystkich, którzy są godni. Jestem skierowany na błagania Boga. Błagając o wybawienie mnie. Bo ja chcę dać; do podróży wewnątrz.

Syndykat Avataru

Rodzina sprawiedliwych, którzy są dla czystej sprawy JEGO WYSOKOŚCI. Wieczne śpiewanie pochwał dla MESSIAH; podnoszenie Jego imienia wyżej. Nigdy nie przestaniemy się modlić, ponieważ uciszamy niewiernych. Zdemaskowanie kłamców i rozpalenie ognia; aby oświecić prier.

Kiedy nasza dusza się budzi, zło zostaje porzucone, a my obnażamy nienawiść. Nigdy nie daj się wciągnąć w matrycę, chociaż jesteśmy nienawidzeni. Dziękując, że to zrobiliśmy; na zawsze triumfalny i święty. W środku ciemności zachowujemy tempo; z sercami tak bardzo starożytnymi. Emanować myślami nie daleko od podstaw; pielęgnować czystość i przyjąć ją. Ściśle nieskończona; jest to bezgraniczny, awatarski syndykat, który reprezentuję.

Nadzieja nieskończona

Prawda pośród kupy kłamstw, pomogła mi się podnieść. Teraz widzę przez każde przebranie, umieszczone przed moimi oczami. Wiele błogosławieństw zostało zrealizowanych; i podkreślone; jako moje przedsięwzięcie. Żyję życiem; niekończącym się wzrostem. Widziałem GŁOWĘ świateł. Świecą tak jasno.

Nawet w nocy, dostaję wzrok. Pan jest przed, nad i obok; On jest tym, z którym ja mieszkam. Ciągle kocham haj, jak szumię w przypływie, niestrudzenie próbuję oderwać się od siebie w środku. W porządku, zobaczę w locie, z mojego wglądu. Pan da mi siłę. Żebym żył dobrze. Gdybym stracił rozum, nigdy nie straciłbym nieskończonej nadziei.

Szerokie przebudzenie

Mój wrodzony POTENCJAŁ obudził się, by wyprowadzić mnie poza duchową matrycę. Wszystkie moje myśli są święte, tak jak nauczyłem się sztuki cierpliwości. Nie jestem już w stanie spać. I czuję się świetnie. Moja świadomość jest świadoma tego, że GLORY mówił; do wybranych; aby utrzymać mój umysł i serce otwarte.

Próbując opanować talent; mojego kunsztu. Widzieć proroctwa, jak moje serce wpatruje się w nie i patrzy; w oczy tego, którego się boję. Uhonorowanie troski; byłem zaszczycony, by oczyścić serca i umysły jarmarku. Żegnam, do licha, mam nadzieję na zdrowie. Jestem szeroko obudzony mówiąc o niewypowiedzianym bogactwie; poruszając się w mądrości z największą skrytością. Fałszywe usychają i topią się, ponieważ jestem szeroko obudzony z bezgraniczną miłością. Jestem szeroko przebudzony; w moim najwyższym stanie; wiedząc, że ci, którzy śpią, nigdy nie mogą się do siebie zbliżyć.

Łaskawy

Łaska jest moim pożywieniem, a cała moja postawa. Wszystko jest pewne z ręki Pana, więc na pewno będę stał. Z dziękczynieniem będę chwalił JEGO; za wszystkie Jego łaski. Wiem, że JEGO łaska jest wystarczająca; dla samej istoty mojego życia. JEGO łaskawość jest wiernością w najwyższym stopniu; bez względu na to, czego potrzebuje, On ją dostarczy.

MOST HIGH spróbuje mnie z błogosławieństwem, a ja zostanę przywrócony do JEGO obecności. Na zawsze okażę szacunek; wobec JEDNEGO, który kontroluje Niebiosa. Poprzez moje modlitwy i zgodnie z moimi potrzebami, On zaopatrzy mnie we wszystko. Dzisiaj, mogę powiedzieć, mogę biegać. Łaskawa jest twarz Pana; lśniła na szczycie mego uścisku.

Wierni

Wielka jest wierność Panu; zaprowadził mnie bardzo daleko. Będę bronił JEGO wielkiej sprawy i będę stał przy nim z podziwem. Wiedząc, że HE zaspokaja moje potrzeby, mogę być spokojny. Kiedy się zgubię, on odzyska i przywróci mnie do wiary. Moja wiara jest w NIEGO, dlatego będę żył.

Moje serce wciąż śpiewa; za błogosławieństwa, które Pan przynosi. W NIM mam swoje jestestwo, jak żyję dalej. Przez każdą przeszkodę, którą ciągle przynosi, nawet kiedy się zsuwam. On uczy, jak być wiernym, więc Jemu jestem zawsze wdzięczny. Pan zrobił wszystko, co w jego mocy, i uczynił mnie pełnym.

Gdy on ciągnie się do mnie, zbliżam się, a moje serce świeci. Mogą pojawić się kłopoty, ale wygram bez walki. Prawdziwą sztuką świętości jest bycie prawdziwie wiernym.

A ty?

Słyszałeś o BOŻEJ BOŻEJ? On jest tym, który obdarowuje, podczas gdy ja kłuję. Czy widziałeś go w swoim życiu? Nauczy cię jak robić więcej niż tylko przetrwać. Jeśli jesteś na dole, on pomoże ci wstać; bez względu na okoliczności może kopertować. Sprawiedliwość Boża nam pomoże; abyśmy mogli wstać. Jest wybawienie w JEGO obecności; jak On zabiera mnie z powrotem do JEGO istoty.

We mnie jest cześć, która kocha chwalić Niebiosa. Chyba że twoje doświadczenie jest takie samo; nie jesteś zapisany. Niech wasze troski zostaną postawione przed JEGO obliczem, aby otrzymać łaskę Ojca.

Jeśli w to nie wierzysz, to dlatego, że tego nie widziałeś. Czy doświadczyłeś JEGO mocy? On może być twoją mocną wieżą. Jeśli będziesz miał JEGO, to i On będzie miał ciebie; czyniąc twoje serce w NIM prawdziwym i prawdziwym. On zrobi z tobą JEGO dom, jeśli wcielisz JEGO prawdę. Nadszedł czas, by wydać owoce i urzeczywistnić to wszystko. A ty?

Pieśń mojego serca

Pozostaję w zgodzie z życiem świętym, kiedy przewracam kartki. Uwielbiam życie, bo staram się je naprawić. Pan śpiewa w nocy i trzyma mnie na haju; jak ja uczę się lekcji życia. Poprzez walkę i zmagania, on jest u mego boku. I właśnie dlatego. On jest moją piosenką i moim światłem. Wzmacnia moje serce siłą i pozwala mi jasno świecić.

Zanim mój dzień się skończy, staję się obserwatorem. Słucham własnego serca, śpiewam piosenki o nowym początku. W duszy mojej jest prawdziwy znak; który mówi o Panu; jest wieczną pieśnią mojego serca.

Pokój

W każdym razie, to jest to, co muszę osiągnąć. Byłem najbardziej i najmniejszy, ale nic nie może się równać z pokojem, kiedy jestem spokojny. Spokojny umysł; jest naprawdę wzniosły; i chcę, żeby był mój. Kiedy przychodzą na mnie powodzie wody, nie widzę nic oprócz nędzy.

Moje wszystko jest tym, co daję, więc mogę zacząć żyć. Zawsze w trybie dziękczynienia, więc moje życie zawsze będzie ekscytujące. Mam chwilowo spokój, ale potrzebuję go na stałe, koniecznie. Uczę się zaprzęgać i stać się nim; bez niego życie jest najtrudniejsze i uginające się. Potrzebuję go na stałe jako stałego; w mojej prawej ręce. To zawsze był mój plan; osiągnąć pokój, którego nikt nie rozumie.

Święte przestrzeganie

Jasno widzę zasadniczą przyczynę okoliczności i wyjaśniam ją jasno. Obserwuj linię rozumowania i słuchaj mnie, bo Pan jest blisko mnie. W twoim najlepszym interesie jest zrozumienie; planu, który ma Bóg. Manewruj i wyjdź zwycięsko, abyś mógł się podnieść z kanału i zasłużyć na chwałę. Uhonoruj MOST HIGH i bądź skupiony; i spraw, by twoje życie stało się żywym chórem. Daruj sobie dziękczynienie i honor, i żyj życiem ponad horrorem. Nie bądźcie niedbali i zhańbieni; wykorzystajcie nadzieję jutra.

Spójrzcie na łaskę Boga i pożyczcie, abyście mogli wyjść ze smutku. Oprzyj się na podtrzymującej ręce Boga; i dowiedz się, która droga jest ci potrzebna. Oderwać się od nieświętego przestrzegania, a z życia stać się prawdziwym sługą. Przestrzegajcie planu służenia Jemu, który daje HIMSELF do bezinteresownej służby. To jedyne zachowanie, które jest godne, a ty powinieneś mu służyć. Jestem kupcem, o świętym przestrzeganiu.

Daleko poza

Podróżować do miejsca daleko poza śmiertelnym królestwem; gdzie mieszka serce Pana. Bądź otoczony światłem, które rozprasza ciemności; i daje przebaczenie; do złamanego serca. Zaczęłam w najniższym punkcie, ale teraz upinam lędźwie. Służę z opanowaniem; i rozeznawaniem przez hałas. Chociaż słyszałem o kłamstwach, i widziałem pogardę. Mój wzrok nie zależy od moich oczu, ale od tego, jak bardzo się staram. Staram się zachować zdrowy rozsądek i przezwyciężyć próżność. Moralność i duchowa świadomość; w zaciekłości; jest tym, co prowadzi mnie do Boskiej bliskości. Jestem daleko poza osobistym interesem, więc jestem błogosławiony. Dalej, dalej. Jak widzę daleko poza tym.

Inspiracja

Moja medytacja, to Boska segregacja. Nieskończona nadzieja jest maścią, pośród wszystkich rozczarowań. Umówiłem się z Panem na ciągłe spotkanie; by odciągnąć mnie od hałasu. Nauczanie i prowadzenie życia; to nie ma nic wspólnego z walką. Dla integracji; inspiracji; wykorzystuję wróżbiarskie gniazda. Znacząca kontemplacja; przyniesie nam ponad niecierpliwość.

Medytuj nad świętym i odkryj myśli starożytne. Inspirujcie się pochwałami; tak zdumiewające; podporządkować się łaskom Pańskim. Jak serca uderzają w chodnik, szukając inspiracji. Powiedz im, żeby patrzyli na nadzieję narodów i budowali na fundamentach. Nie odchodź na emeryturę, dopóki Pan nie zainspiruje. Bóg weźmie nas wyżej, niż zwodzenie kłamców i rozpalenie wiecznego ognia.

Dobry wiersz

Słowa życia, są tym, co mnie ustawia. Mówią pocieszenie do mojego serca, zanim zostanie rozerwane na strzępy. Zachowają mi spokój. W czasie burzy. Uciszą wszystkie alarmy, i ogrzeją mnie. W każdej chwili jestem daleki od krzywdy, gdyż Pan trzyma mnie w swoich ramionach.

Choć zepsuty i zamartwiony, dobre słowa są wypowiedziane, aby zabrać mnie daleko. Mam teraz silne serce, nawet z daleka. Słowa nadziei zawsze sprawiają, że lśnię jak gwiazda; i trzymają mnie na dystans. Spokojny duch jest tym, co dobry wiersz, nadal sieje. Pokazując mi to, co najlepsze w życiu; jak staram się to naprawić; i osiągnąć każdy wzrost.

Prawdziwa poezja jest osadzona w potędze; to jest powód, dla którego znajduję nadzieję w świetle. O wiele większa niż jakikolwiek cielesny siew, jest siła dobrego poematu.

Lepszy dzień

JESTEM naprawdę przebudzony z mojego snu; już nie pragnę ani nie głoduję. Nie jestem już łowcą. Osiągnąłem to, nad czym się zastanawiałem. Osiągnąłem swoje marzenia; czyste serce i święty temat.

Moje serce to piękna scena, dla wszystkich do zobaczenia. Wyobrażam sobie doskonałe piękno bardziej niż ktokolwiek może uwierzyć; po prostu dlatego, że jestem wiecznie zbawiony. Jestem wiecznie spokojny. Daleko mi do wiary. Nie jest już twardy i zimny, moje serce jest złote. Jestem sprzedany, dla całego świata. Już nie zbłądzę, nie mam problemów i znalazłem sposób. Przeszedłem przez wiele cieśnin; ale odkupienie jest moją zapłatą; za to, że chodzę prosto. Bo mam piosenkę, która rezonuje; z lepszym dniem.

Prawdziwy cel

Prawdziwą przyczyną jest wykorzystanie lekcji życia; i wyczarowanie Niebios. Możecie zbliżyć się do Boskiej obecności, z czcią. Uczę świat o odłączeniu; od boskiego oddania. Że ich przeznaczenie; nie będzie utrudniane przez wahania. Między ludzkością a Bogiem musi istnieć wzajemne zrozumienie; poza zwyczajową pozycją.

Zostaliśmy stworzeni, aby uczynić JEGO drogę prostą; i nauczać sprawiedliwej wiary. Jak głos na pustyni; rezygnując z wszelkiej dezorientacji. Prawdziwe duchowe podniecenie, to jest to, co dostaję od NIEGO. Wszyscy możemy pokonać transgresję i zapobiec regresji.

Będę nadal reprezentował; Pańską wspaniałość. Widząc przez inną soczewkę, JEGO błogosławieństwo wysłane. Teraz jestem oświecony, jak widzę horyzont.

Każda myśl BOGA rozjaśnia mój dzień; jak zastanawiam się, kto może zaoferować wgląd dzisiaj. Przeze mnie, Pan zwerbował służbę; w prawdziwym celu, i przynosi wartość do pozornie bezwartościowych. Ufać Bogu bez lęku i zdenerwowania; żyć w prawdziwym celu.

Czyste życie

Żyć czystym życiem wewnątrz, bez zarazy i grzechu. Znalazłem pocieszenie i radość w prostocie; i wstąpiłem do stanu umysłu, aby zbudować złote miasto. Nowe Jeruzalem jest przed nami jako nagroda za łaskę; ale szczęście obfituje dziś w czyste życie.

Mogą rzucać kamieniami, ale ja będę żył i rósł. Gdy idę, i okazuję czyste życie zaszczepione, dla wszystkich do widzenia.

Życie pełne nadziei; uosabia znajomość zwojów. Nie ma nic do wstrzymania, ale jest wiele do rozwinięcia. Czyste życie, które podtrzymuję, bo zostałem wybrany, aby żyć czystym życiem bez przerwy.

Światło świata

Jestem w świecie owianym ciemnością, gdzie ludzie stali się bez serca. Żądza, perwersja i chciwość; nie może uwolnić serca. Sprawiedliwość jest tam, gdzie jest moje serce; bez żalu.

Przegrana rasa; będzie miała twardą twarz. Ale ci, którzy znaleźli światło, będą świecić jasno, jak promienie z gwiazd w nocy.

The nikczemny brać ich lot; gdy the WŁADYKA wstawać the niesprawiedliwy the niesprawiedliwy upadły siła. Z siłą i wzrokiem. Zostałem zaopatrzony. Dano mi wygrać tę walkę, bez żadnej niespodzianki. Będę nadal świecić jak perła, jak oddaję wszystko, co moje, światłu świata. Będę się wspinał na niesłychane wysokości; jak służę; w świetle zanurzam się.

Słodki spokój

Duch Boży ustanowił, moja dusza spoczęła. W stanie umysłu, który wie, że nie należy się martwić, nie doświadczyłem jeszcze niczego lepszego. Uspokój się, to moja stalowa kamizelka, a ja zdobyłem każdą dobrą prośbę. Shalom to moje miejsce zamieszkania, gdzie nie może działać żadne zło.

Mój dom ukojenia, to jest to, co składam hołd. Szanuję Dekalog. I uczynię go moją piosenką. I trod; w sferze duchowej. Widzę wizualny, fizyczny, doskonały spokój w każdym odstępie czasu.

Ceniąc każdą chwilę; jako wybrańcy. Pełnia POTENCJALNOŚCI jest tym, co obserwuję, jak staję się niezłomny. Mój duch jest wypowiadany, gdy wchodzę do światła, które było otwarte. Uwierz mi, znam słodki spokój.

Słodki raj

Oh, jak ja marzę. O idealnej scenie. Moje przeznaczenie to miejsce, gdzie nasze dusze błyszczą światłem, gdy osiągamy niewidzialną wysokość. Miejsce, w którym nie ma nocy, a duchowe energie płyną prawidłowo.

Na ziemi, mój raju; nie jest żadnego rodzaju; do zobowiązania. Więc zamykam oczy i wyobrażam sobie społeczeństwo Izraelitów. Bez odrobiny indolencji, nie mogę być duchowo impotentem. Prawdziwa pokora; do nieskończoności; która zapewnia wieczną ciągłość. Objąłeś ŚWIĘTEGO DUCHA; dla ŚWIĘTEGO życia. Moje zdanie będzie słodkim rajem, a ja powstanie. Niebiosa będą śpiewać słodko, a ciemność się cofać.

Wierzę w słodki raj. Dowodzi nim głos mojego OJCA.

Bez obaw.

Nie mam w sobie nic, choć to wiem. Wyrosłem z tego. Jest na jawie, odsłonięta jako słabość niewypowiedziana. Żyję życiem wybrańców, prawdziwym światłem niewzruszonym.

Zaufanie i pewność pociesza moje serce, a teraz widzę koniec od początku. Zrobię swój znak; i obnażę swoje serce. Nic mnie nie powstrzyma; od życia w niebiosach.

Rozkoszuję się pewnością Boga, bo zabiera mnie do JEGO gwiazdy. Dlatego żaden strach nie może się marzyć, choć noszę bliznę.

Stoję z daleka, i widzę blisko i daleko.

Okażcie więcej troski, a Panu niech się Pan zbliży. Więc on może na pewno kierować; twoje życie, aby było bardziej jasne. Mogę to robić i widzieć bez wahania, z sercem bez strachu.

Prysznice błogosławieństwa

Czasami czuję opór, ale żeby być świętym, muszę wykazać się wytrwałością i pokonać dystans. W chwilach ciemności, czuję DUCH BOGA daleki, ale nigdy nie odszedł.

Łaska pada z tronu Pańskiego; i wypełnia ziemię GLORY nieznanym.

Oh, gdyby wielu uwierzyło w tę historię; o przelewaniu się mojego kielicha; o błogosławieństwach obdarowywania. Wszystko to pochodzi od wszechmocnych i wszechwiedzących, ponieważ wszystkie moje wydziały stale się rozwijają. Nie ma obalenia, bo ja pokładam w NIM zaufanie przez cały czas mojego życia.

W każdej chwili JEGO miłość pokazuje; moc nieograniczona; z prysznicami błogosławieństwa zdumiewająca.

Święte Światło

Jestem przytłoczony myślami o świętości, o pięknie świętości, które widzę w świętych tekstach.

Moje wyobrażenia i rzeczywistość BOGA są takie same; dlatego wszystkie moje fantazje są zachowane. To JEGO cenna obietnica, że utrzymasz mnie przy zdrowych zmysłach i nie pozwolisz, aby moja energia została wyczerpana. Dlatego muszę się powstrzymać; od przeklinania JEGO imienia. Zamiast tego chwalę JEGO dla duchowego zysku; i zachowuję zdrowie, kiedy mogłam być słaba.

Moja medytacja jest zawsze podtrzymywana w pięknym i niezachwianym sercu, dlatego jestem zdeterminowana w Bogu. Od początku. Świętobliwość zrobiła swój znak. Do Boskości uciekam się, więc nie mogę stać się duchowym opóźniaczem. Moim celem jest żyć świętym życiem; i wznosić się na ŚWIĘTE WIEKI; nieosiągalne przez nieświętą walkę. Proszę Pana, aby podtrzymał mój wzrok; dlatego moje serce jest wypełnione ŚWIĘTYM światłem.

Piękno świętości

Moja dusza była zasmucona, ale teraz moje serce jest zadowolone. Nie ma żadnej tajemnicy, do której nie jestem wtajemniczony; wszystkie cuda zostały mi otwarte w ciągu jednej minuty. Mój umysł jest spokojny, ale zajęty; z myślami o Boskim obrazie. W mojej głowie wciąż biją dzwony prawdy, ponieważ biorę na siebie wszystkie oszustwa zawiasów. Dlatego moje serce wciąż śpiewa, a chwila po chwili naprawdę żyję.

Pełnia radości jest moja na zawsze, więc mój związek z Panem nigdy nie zostanie zerwany. Będę szukał JEGO najpierw w każdym przedsięwzięciu, aby mógł on zarządzać burzami i pogodą.

Wiedza, mądrość, zrozumienie i oświecenie są moim chlebem; wiedząc, że Pan liczy włosy na mojej głowie.

W głębi mego serca, w głębi serca, gdzie jestem trzymany do przodu, nie będę szanował, ale będę rozważał piękno świętości.

Koniec

Spis treści

FSC
www.fsc.org
MIX
Papier | Fördert
gute Waldnutzung
FSC® C083411

Kolibri 360 GmbH
Ferdinand-Jühlke-Straße 7
99095 Erfurt, Deutschland
produktsicherheit@kolibri360.de

Druck:
CPI Druckdienstleistungen GmbH
im Auftrag der
Kolibri 360 GmbH
Ferdinand-Jühlke-Str. 7
99095 Erfurt